Julius Röhr

Kritische Untersuchungen über Lotzes Ästhetik

Julius Röhr

Kritische Untersuchungen über Lotzes Ästhetik

ISBN/EAN: 9783744612692

Hergestellt in Europa, USA, Kanada, Australien, Japan

Cover: Foto ©Thomas Meinert / pixelio.de

Weitere Bücher finden Sie auf **www.hansebooks.com**

Kritische Untersuchungen
über Lotzes Ästhetik.

Inaugural-Dissertation

behufs

Erlangung der Doktorwürde

vorgelegt

der

hilosophischen Fakultät der Universität Halle

von

Julius Röhr.

aus Glogau.

Halle a. S., 1890.

Herrn und Frau Oberstlieutenant

von Alten

als Zeichen seiner Verehrung

der Verfasser.

1*

Untersuchungen über Lotzes Ästhetik.

Die Ästhetik Lotzes hat schon eine eingehende Bearbeitung in Kögels verdienstlichem Buche[1]) gefunden. Aber doch erscheint eine neue Untersuchung derselben nicht überflüssig, indem in Kögels Schrift das Streben nach einer umfassenden Übersicht das genauere Eingehen auf das Einzelne oft hat in den Hintergrund treten lassen. Besonders der die einzelnen Erscheinungsformen des Schönen behandelnde zweite Hauptteil jenes Werkes läßt noch manche Ergänzung zu, obgleich gerade in ihm der Kernpunkt von Lotzes Ästhetik zu suchen ist. Vor allem fehlt in diesem Teile der genauere Nachweis, wie Lotze bei jeder Gattung des Schönen eine Anknüpfung an seine Metaphysik gesucht habe; wie überhaupt der Zusammenhang von Lotzes allgemeinen Ansichten über das Schöne mit denen über die einzelnen Arten nicht klar hervortritt. Durch die Führung dieses Nachweises besonders will die folgende Arbeit eine notwendige Ergänzung zu Kögels Schrift sein.

Das Verständnis von Lotzes Ästhetik macht besonders deshalb große Schwierigkeiten, weil Lotze nach seiner auch in den übrigen Schriften befolgten Methode[2]) alles von den früheren Systemen irgend haltbare in sein System einzufügen für gut befunden hat. Bei diesem, wie Kögel sich ausdrückt, (S. 15) vielfarbig schillernden Charakter der Lotzeschen Ästhetik, bei dieser Ver-

---

[1]) Lotzes Ästhetik. Göttingen 1886.
[2]) vgl. Rehnisch Anhang zu Lotzes Grundzügen der Ästhetik S. 79 fg.

schmelzung der verschiedensten Denkweisen konnte es nicht aus-
bleiben, daß mancher Widerspruch, manche eigentümliche Kom-
bination ursprünglich wenig zusammengehörender Elemente mit
unterlief.

Kögel hat die Grundelemente der Lotzeschen Ästhetik im
allgemeinen richtig aufgezeigt, wenn er (S. 14—15) sagt: man
könne Lotzes Ästhetik als einen auf Schellings metaphysischem
Grundgedanken ruhenden, von Weiße wesentlich beeinflußten
Idealismus bezeichnen der, in der subjektiven psychologischen
Begründung auf Kant zurückgehend, sich gegen die von Herbart
geforderten formalen Untersuchungen nicht verschließt. Es konnte
nur einem Geiste wie Lotze gelingen, diese vier heterogenen Bestandteile in einigermaßen genügender Weise zu verschmelzen.
Besonders zwischen den der idealistischen, oder, wie Kögel sie
(S. 134) nennt, begrifflich logischen und den der psychologischen
Ästhetik angehörigen Bestandteilen, welch letztere in England
entsprungen, in Deutschland von Kant, Herber und Schiller
aufgenommen, jetzt siegreich vordringt, war nur sehr schwer ein
Kompromiß zu stiften, und es ist eine der interessantesten Aufgaben, zu zeigen wie L. dies versucht hat. Diese Untersuchung
wird im folgenden der Angelpunkt sein, um den sich Alles dreht.

Wenn wir uns nun zu einer kurzen Darstellung der allgemeinen Ansichten Lotzes über das Schöne wenden, so scheint es
nicht unzweckmäßig, die „Grundzüge der Ästhetik" als Leitfaden
zu benutzen, da gerade in ihnen die Genesis der Lotzeschen Gedanken bei aller Kürze sehr anschaulich zu tage tritt. Lotze wendet
sich zuerst (§ 1) gegen die in Deutschland besonders von Kant
vertretene psychologische Erklärungsweise des schönen Eindruckes,
als einer angemessenen Erregung der Ökonomie unseres Seelenlebens, oder, wie Lotze sich (Gesch. 112) ausdrückt, gegen die
Ansicht, „daß die allgemeingiltige Bedingung für die Entstehung
jedes schönen Eindruckes in irgend welcher Verknüpfungsweise
seines Mannigfachen bestehe, welche, wie sie auch sonst immer
gestaltet sein möge, unsere Einbildungskraft zu einem ihren
eigenen Gesetzen und Gewohnheiten angemessenen Spiele der
Thätigkeit anrege." Gegen diese Erklärung des schönen Ein-

drucks als einer angemessenen Erregung der Ökonomie unseres Seelenlebens, der Übereinstimmung desselben mit unseren Seelenkräften, unserer Einbildungskraft, unseres Vorstellens, oder wie sonst die mannigfachen Formulierungen dieses Grundgedankens lauten, wendet Lotze (Gesch). S. 112) ein, sie lasse die Frage unbeantwortet, worin doch eigentlich jene Gesetze und Gewohnheiten unseres Vorstellens, unseres Anschauens und unserer Urteilskraft beständen, denen angemessen zu sein den Reiz des Schönen bilden solle. In den Grundzügen wendet sich Lotze gegen die Kantsche Ansicht mehr deshalb, weil die Allgemeingiltigkeit des ästhetischen Urteils, die Kant neben der Subjektivität forderte, um das Schöne aus der Gesellschaft des Angenehmen zu retten, in die es dadurch geriet, thatsächlich nicht existiere. (Grdzg. der Ästh. § 2.) So scheint ihm die Ansicht nahe zu liegen, daß der schöne Eindruck nicht auf einen in uns stets wirklich vorhandenen Maßstab, nicht auf eine in allen Individuen wirklich vorhandene geistige Organisation bezogen werden könne, sondern nur auf eine solche, die in jedem Einzelnen erst durch die Entwicklung realisiert werden soll (§ 2); daß schön das sei, was dem verwirklichten Ideal in uns, der sittlichen Gesinnung (§ 3) entspricht. Aber auch diese besonders der Schillerschen Auffassung des Schönen nahestehende Lehre, wonach also das Schöne darum schön ist, weil es „Formen" oder „formelle Charaktere" (§ 3) an sich trage, die sonst dem Menschengeiste nur unter der Herrschaft der Sittlichkeit zukommen und dies Schöne dann der geistigen Richtung in uns gefalle „die in denselben Formen lebt" (§ 3), genügt ihm nicht. Zwar würde diese Auffassung manches Einzelne gut erklären „allein im ganzen würde doch hier der schöne Gegenstand immer nur als ein Mittel erscheinen, das nur dazu da ist, um durch seine Einwirkung auf uns und eben erst in uns jenes Gefühl der Lust zu erzeugen, um deswillen wir ihn schön nennen (§ 4). Schönheit soll nicht blos, wie Nützlichkeit, ein „eventuelles Prädikat" sein, das nicht eigentlich zum Bestande des Gegenstandes selber mitgehört (§ 4); die eigentümliche Würde der Schönheit geht verloren, „sobald sie nicht als das eigene Leben des Objekts, sondern nur als ein von ihm veranlaßter Gemütszustand gelten soll" (§ 5). Man wird daher auf alle Weise suchen, der Schönheit eine „objektive Wirklichkeit" zu sichern (ibid). Dies hat der Idealismus gethan. „Es war von Wert," sagt Lotze (Gesch. S. 125), „daß der Einfluß des Idealismus die blos psychologischen Betrachtungen abbrach, denen die Schönheit nur auf dem bequemen Zusammentreffen der äußeren Eindrücke mit den subjektiven Gewohnheiten und Gesetzen unseres Vorstellens zu beruhen schien, und daß er an ihre Stelle die Geneigtheit setzte, in jedem Gegenstand unserer ästhetischen Billigung zugleich die objektive Bedeutung aufzusuchen, die sein Gehalt, seine Bil= dung und Form in dem Zusammenhange des Weltplanes haben." Folgen wir in der Darstellung der idealistischen Ästhetik Lotzes Geschichte. „Der erste für die Ästhetik wichtige Gedanke ist die Unterscheidung der vorbildlichen Welt oder Natur in Gott und der Welt oder Natur, sofern sie nur erscheint", (S. 127,) der Gegensatz zwischen Ideellem und Realem. Nach Schelling ge= hört das Reale nicht blos der nachbildlichen Welt allein an; „in seiner vorbildlichen Entwicklung vereinigt vielmehr das Ab= solute bereits die beiden Triebe, seinen eigenen Inhalt sowohl in idealer als realer Gestaltung zu entfalten." (S. 129). In dem Absolute findet sich also schon ein „Reales als solches," „das als selbstloser völlig sich hingebender Hintergrund durch keine ihm einwohnende, der Idee fremdartige Neigung die voll= kommene Einbildung derselben hindert" (S. 130). Aber nicht dieser Gegensatz innerhalb des Absoluten ist für die Ästhetik von Wichtigkeit, sondern der Gedanke, daß es ein anderer gröberer Stoff sein muß, „der in der abbildlichen Welt die Ideen der vorbildlichen sammt dem in ihnen schon enthaltenen Gegensatze des Idealen und Realen aufnimmt" (S. 130). Der hierbei „leicht zu habende Gedanke, daß durch die Stumpfheit und Un= fähigkeit der Materie, in welcher die Urbilder sich abprägen sollen, die Züge ihres Gepräges verwischt werden, erklärt an sich nichts" (ibid.). „Nicht ein Mangel sondern eine positive Eigentümlichkeit der Substrate, durch welche in der wirklichen Natur die Ideen realisiert werden, scheint den Zwiespalt zwischen

beiden zu begründen" (S. 131); und diese positive Eigentümlich=
keit setzt er (S. 133) in die Selbständigkeit der unzähligen realen
Elemente, — die mit unveränderlichen Naturen und nach be=
ständigen Gesetzen aufeinander wirkend, das Gebot der Idee
nur vollziehen, soweit der Inhalt seiner Forderung zugleich die
unvermeidliche Folge ihrer eigenen jedesmaligen Zustände ist."
(S. 133.) „Nichts Anderes, um es kurz zu sagen, unterscheidet
die vorbildliche Welt von der nachbildlichen, als der Mecha=
nismus, der über die letztere herrscht und der ersten fremd
ist." Der Schluß dieses Gedankenganges findet sich auf Seite 138:
„Nur die Überzeugung, daß in der endlichen Welt die Idee
nicht schrankenlos herrscht, sondern daß ihre Gebote sich mit einer
Notwendigkeit kreuzen, deren Gesetze im ganzen zwar gewiß nicht
ohne Zusammenhang mit dem sind, was sein soll, aber im
einzelnen nicht parallel den Forderungen der Ideen laufen, nur
dieser Gedanke eines Konfliktes zweier Prinzipien erlaubt uns,
das Seiende in Schönes und Unschönes zu scheiden. Schönheit
finden wir dann, wo eine Übereinstimmung, die nicht allgemein
stattzufinden braucht, in einzelnen begünstigten Erscheinungen
zwischen dem, was sie der Idee nach sein sollen, und dem statt=
findet, wozu die Notwendigkeit des Mechanismus sie macht."

Während Lotze nach dem bisher Besprochenen durchaus
Schelling zuzustimmen scheint, folgt er da, wo er selbständig
seine Ästhetik mit der Metaphysik in Verbindung bringt, viel=
mehr Weiße. So z. B. in den Grundzügen, zu denen wir uns
jetzt zurückwenden. Während bei Schelling und den reinen Idea=
listen es nur zwei Elemente sind, welche die Schönheit begründen,
sind es bei Weiße und bei Lotze vielmehr drei: bei Schelling
die Ideen und das Reale oder der Mechanismus, bei Weiße
die drei „Fäden," welche das Geflecht der Wirklichkeit zusammen=
setzen (Gesch. S. 197): das Reich der allgemeinen und not=
wendigen Gesetze, die Fülle der wirklichen Weltgestaltungen und
Kräfte und die höchsten Werte oder Wertideen alles Guten,
Schönen, Heiligen. (Gesch. 197—8, Mikr. II³ 15, III 461 fg.
Grdzg. § 10.) Schönheit ist, wo Lotze diese Ansicht vertritt,
nicht mehr die Uebereinstimmung, die in einzelnen begünstigten

Erscheinungen zwischen dem stattfindet, was sie der Idee nach sein sollen und dem, wozu die Notwendigkeit des Mechanismus sie macht (Gesch. 138), also zwischen zwei Reichen, sondern der einzelne Gegenstand ist schön, „weil er die allgemeine Idee der Schönheit, nämlich jenes vollkommene Ineinanderaufgehen jener drei Gewalten des Weltbaues in einem anschaulichen Bilde und im Kleinen konzentriert wiederholt" (Grdzg. § 10); und Schönheit ist das unmittelbar anschauliche Hervortreten einer Einheit zwischen jenen drei Gewalten, welche unsere Erkenntnis nicht völlig zu vereinigen mag." (Grdzg. § 9.)

Wichtiger jedoch, als dieser Unterschied der Weißeschen Ansichten von denen des reinen Idealismus ist der andere, daß bei Weiße nicht mehr „Ideen" dem widerspenstigen oder wenigstens selbständigen Realen sondern „Werte" oder doch „Wertideen" gegenüberstehen; wichtig besonders für Lotze, der den einzig richtigen Weg der ästhetischen Untersuchung, die Aufsuchung und Erklärung des Gefühlseindruckes des Schönen, eingeschlagen hat. Erst die Lehre von der unendlichen Produktivität des göttlichen Gemütes, welche andeutet „daß die göttliche Produktivität, wie sie einerseits durch die Schranken der denknotwendigen Wahrheit, andererseits durch die ethischen Absichten des göttlichen Willens Form und Richtung empfängt, so auch an sich selbst doch nicht unbestimmte ziellose Bewegung ist, sondern daran ihre eigentümliche Natur hat, nicht sowohl eine unendliche Fülle der Gestalten, sondern in den Gestalten und durch sie eine zusammenhängende unendliche Fülle des Glückes und der beseeligenden Werte zu erzeugen," (Gesch. 209) scheint die Schönheit von einer Sache der gleichgiltigen Einsicht zu einem Gegenstand des beseeligenden Gefühls zu machen. Weißes Absolutes ist von der gefühllosen Naturseele Schellings durchaus verschieden. Von Weiße stammt Lotzes Hauptlehre, daß die Fundamentaleigenschaft des durchaus persönlich gedachten Absoluten (vgl. Mikr. III. 580—81, II. 11—14, Grdzg. der Religionsphilosophie § 33—41) die Liebe sei. Dies Wirkliche nun, „welches die lebendige Liebe ist, entfaltet sich in die eine Bewegung, die dem endlichen Erkennen sich in die 3 Seitenkräfte des Guten, welches ihr Ziel ist, des

Gestaltungstriebes, der es verwirklicht und der Gesetzlichkeit zer=
legt, mit welcher dieser die Richtung nach seinem Zwecke inne=
hält" (Mikr. III. 616). Alles Sein, alles was Form und Ge=
stalt, Ding und Ereignis heißt ... kann so, wie es ist, nur
deshalb sein, weil sich in ihm der unendliche Wert des Guten
seine Erscheinung gab (Mikr. I. 447). Weil so das göttliche
Gemüt in den Gestalten und durch sie eine zusammenhängende
Fülle des Glückes und der beseeligenden Werte erzeugen will,
(Gesch. 209), ist in den Dingen und Gestalten etwas mehr als
der bloße Begriff: als gewollt von einer ewigen Liebe, als
Mittel zur Verwirklichung ihres Zweckes, des Guten, sind sie
selbst „Güter" und haben einen „Wert"; (über welche Begriffe
Lotze in den Grundzügen der Religionsphilosophie (S. 74) spricht);
während wir von dem Idealismus nur erfahren, welche „Be=
deutung" die Einzelerscheinung oder die ihr zu Grunde liegende
Idee hat.

Der Anschluß an Weißes Metaphysik hat Lotze noch die
Einführung eines anderen Begriffes gestattet, der für seine
Ästhetik von fundamentaler Wichtigkeit ist, nämlich des „absoluten"
Wertes, der dem Schönen zukommen soll. Voll Hochachtung für
das Schöne, ängstlich bemüht, es über das Nützliche zu heben,
und andrerseits mit der seit Plato den Philosophen geläufigen
Geringschätzung alles blos Subjektiven erfüllt, sucht Lotze mit
allen Mitteln zu verhüten, daß der schöne Gegenstand nur
als Mittel erscheine, das nur dazu da ist, um durch seine Ein=
wirkung auf uns „und eben erst in uns jenes Gefühl der Lust
zu erzeugen, um deswillen wir ihn schön nennen;" (Grdzg. § 4)
und ist der Überzeugung, daß man versuchen könne, „das, was
objektiv in den Dingen dem schönen Eindruck zu Grunde liegt,
als ein an sich bedeutsames, in den ganzen Bau der Welt sich
wertvoll einfügendes Prädikat zu fassen; so daß dann der schöne
Eindruck durch etwas hervorgebracht wird, das auch abgesehen
von ihm auch an sich von absolutem Werte ist". (Grdz. § 6.)

Um uns über den Begriff des Wertes an sich oder des
absoluten Wertes klar zu werden, müssen wir den Begriff des
Wertes überhaupt bei Lotze untersuchen. Er hat sich darüber

oft mit aller wünschenswerten Klarheit ausgesprochen. Es giebt
für ihn keine Werte, die nicht irgendwo Lust brächten; und nur
darum sind Dinge, Zustände, Ereignisse gut oder wertvoll, weil
sie dies thun. So sagt er (Mikr. II 316): der Gedanke eines
unbedingt Wertvollen, das seinen Wert nicht durch seine Fähig=
keit zur Erzeugung von Lust bewiese, überfliegt sich selbst und
das, was er wollte;" und an einer anderen Stelle (Grdz. der
Religionsphilosophie S. 74) zeigt er, daß es keinen Wert gebe,
der nicht ein „Gut" erzeuge, Güter aber Dinge, Zustände,
Ereignisse nur deshalb genannt würden, weil sie Mittel zur
Erlangung des einzigen wirklichen und selbständigen „Gutes"
seien, welches letztere immer nur in der Lust eines gefühls=
fähigen Geistes existiere. Wenn Lotze also (Grdz. § 6) sagt:
der schöne Eindruck werde hervorgebracht durch etwas, was auch
von ihm abgesehen, auch an sich von absolutem Werte sei, so
werden wir auch für diesen Wert an sich, für diesen absoluten
Wert die fühlende Seele aufsuchen müssen.

Was es nun heißen könne: das, was objektiv in den Dingen
dem schönen Eindruck zu grunde liege, füge sich wertvoll in den
Bau der Welt ein, zeigt Lotze im 13. Paragraphen. Genuß
und Lust ist nur im Beseelten möglich (§ 15); unsere, der
Menschen Einzelseele aber soll es nicht sein, für welche der
absolute Wert existiert, sondern der ganze Bau der Welt. So
wird die Untersuchung des Weltzweckes (§ 13) nötig. Dieser
kann nur die Lust sein. Nur sie kann als das letzte zu Rea=
lisierende gelten; nur bei ihr wird die Frage absurd, warum
sie, und nicht Unlust Zweck der Welt sein müsse. (§ 13) (vgl. Grdz.
der Rel. S. 73). Zum Unterschiede von der einzelnen Lust, will
er die auf das Ganze der Welt bezogene Lust als Seligkeit be=
zeichnet wissen; welcher Name den Erfolg einer Weltordnung
ausdrücke „in welcher es kein Dasein, kein Verhältnis und kein
Ereignis giebt, das blos faktisch wäre; in welcher vielmehr alles,
was ist, in solchen Beziehungen steht, daß aus diesen der
mannigfachste, ausgedehnteste, tiefste Genuß für alle einzelnen
Elemente entsteht." (§ 14) Mit der Frage nach dem Weltzwecke
hängt die Frage nach der Existenz einer Geisterwelt zusammen

„denn nur sie könnte die Subjekte enthalten, als deren Zustand der höchste Zweck denkbar ist." (Grdz. d. Rel. S. 73.) Es ist nun ziemlich gleichgiltig, ob wir als Subjekt, in welchem sich der Weltzweck realisiert, mehr die Weltseele als Ganzes oder die Summe ihrer Teile ansehen, denn die Weltseele ist aus Teilen zusammengesetzt, die ihr ganz ähnlich oder mindestens, wie sie, gefühlsfähig und bewußt sind. Lotze ist vollständig mit Leibniz in Übereinstimmung wenn er (Mikr. I 405) sagt: „Mit dieser Voraussetzung unräumlicher Atome haben wir die einzige Schwierigkeit beseitigt, welche uns hindern konnte, diesem Gedanken eines inneren geistigen Lebens nachzuhängen, welches alle Materie durchdringe. Die unteilbare Einheit jedes dieser einfachen Wesen gestattet uns, in ihm eine Zusammenfassung der äußeren Eindrücke, die ihm zukommen, zu Formen der Empfindung und des Genusses anzunehmen." Undenkbar und widersprechend scheint ihm die Vorstellung von einem Seienden, „welches nie für sich selbst vorhanden wäre, in all seinem Sein nur den Sammelpunkt von Eindrücken bildete, die nicht zum Gegenstand seines eigenen Genusses würden." (Mikr. I 407—8) So entgeht Lotze in gewissem Grade dem Einwurf, daß sein Absolutes in der Weltseligkeit nur die eigene egoistische Lust wolle, indem die Einzeldinge bei aller Abhängigkeit doch eine gewisse Selbständigkeit wahren. Wir haben gesehen, daß dem Schönen oder vielmehr dem, was ihm objektiv zu Grunde liegt (§ 6) (worauf noch zurückzukommen sein wird) ein absoluter Wert insofern zukomme, als es den Weltzweck erfüllen hilft, d. h. die Seligkeit der Weltseele mehrt. Nun ist aber Lotze der Überzeugung, „daß alle Prädikate des Gefallens nur Bezeichnungen der subjektiven Affektion sind, die wir von den Dingen erleiden. Auch die Schönheit macht hiervon keine Ausnahme; haben wir den Wunsch, sie vor anderen Arten des Gefälligen auszuzeichnen, so müssen wir einen Grund suchen, der ihr innerhalb dieser Subjektivität, die sich nicht aufheben läßt, einen unbedingten Wert sichert." (Gesch. S. 240.) „Diese Subjektivität des ästhetischen Urteils mit unerbittlicher Deutlichkeit hervorgehoben zu haben, halte ich für eins der wesent-

lichsten Verdienste, welche Kants eindringliche Kritik sich er=
worben hat," sagt er Geschichte S. 65. Es ist nun eine Frage
von fundamentaler Wichtigkeit für Lotzes Ästhetik, was es heißen
könne, man müsse der Schönheit innerhalb der Subjektivität
einen absoluten Wert sichern. Der schöne Eindruck ist subjektiv,
kann nur heißen, in dem Augenblick, wo er wirkt, erregt er
nur die Einzelseele, speziell die Menschenseele, denn wir Menschen
sind doch gemeint, so oft Lotze von „uns", die wir den Eindruck
erleiden, „unserem" Geiste, der ihn aufnimmt, spricht. Es ist
damit noch nicht gesagt, daß in jedem Subjekt ein anderes Ge=
fühl entstehe, sondern eben nur, daß der Wert im Augenblick
seiner Realisierung im Gefühl eben nur für das Einzelsubjekt
besteht. Von einem unbedingten Werte kann Lotze, dem, wie
oben gezeigt, Werte nur für fühlende Seelen existieren nur in
dem Sinne sprechen, wie er dies in den Grundzügen (§ 13 fg.)
thut: absolut Wertvolles ist Wertvolles für die Weltseele. Was
kann es also heißen „dem schönen Eindrucke innerhalb der Sub=
jektivität einen absoluten Wert sichern?" Oder mit anderen
Worten: wenn der schöne Eindruck nicht blos dazu gut sein soll,
„durch seine Einwirkung auf uns und eben erst in uns jenes
Gefühl der Lust zu erzeugen, um deswillen wir ihn schön nennen",
(Grdz. § 4) sondern also schon vorher einen von unserm be=
schränkten Menschengeiste losgelösten Wert, d. h. eine Fähigkeit
zur Lusterzeugung haben soll: wie wird dann dieser für uns
eigentlich gar nicht existierende Wert doch im ästhetischen Ein=
drucke ein Gefühl für uns, oder jedes andere ästhetischer Ein=
drücke fähige Einzelsubjekt? Denn zum Gefühl muß der ab=
solute Wert in uns werden, wenn er für den ästhetischen Ein=
druck in Betracht kommen soll. Was hat es für einen Sinn
von einem selbständigen Vorhandensein eines Wertes oder Un=
wertes zu sprechen, die beiden „an sich" wären und doch nachher
von unserm Gefühle „aufgefunden würden" (Gesch. 258). Wie
wirkt ein Wert „den wir auch dann anerkennen, wenn er nicht
auf uns, sondern auf andere günstig wirkt?" (Gesch. 260) Dies
ist die eigentliche Form der Frage nach der Vereinigung des
Subjektiven und Objektiven im Schönen. Lotze hat die Beant=

wortung dieser höchst wichtigen Frage nie in Angriff genommen. Es fehlt in seiner Ästhetik die Vereinigung des Grundgedankens Kants oder vielmehr der Engländer und des Grundgedankens des Weißeschen Idealismus, und wird auch schwerlich gegeben werden können. Absolute Werte existieren eben nicht für uns, und sofern sie dies thun, sind sie eben keine absoluten Werte, sondern werden „eventuelle Prädikate", die anders wirken würden, wenn wir anders organisiert wären (Grdzg. § 4). Am ehesten ließe sich der Vorgang der Vereinigung des absoluten Wertes mit dem Werte für uns noch als ein Mitgefühl des einzelnen Geistes mit der Weltseele darstellen. Nahe steht einer solchen Auffassungsweise eine Stelle, die freilich mehr zu einem anderen Zwecke geschrieben ist. Bei Besprechung der ästhetischen Eindrücke des Lieblichen, Rührenden, Furchtbaren sagt Lotze zuerst nur von diesen, dann aber auch von jedem ästhetischen Eindrucke: Nicht auf das Quantum des Wohl und Wehe kommt es an, welches einem einzelnen Geiste hier zugefügt wird, sondern auf die Form, in der es diesem, wie jedem anderen, in der es also dem Geiste überhaupt zugefügt werden kann. Auf jenes bezieht sich unser ästhetisches Mitgefühl, auf dieses die im Mit= gefühl mitenthaltene ästhetische Beurteilung". (Gesch. S. 257.)

Lotze hat nicht blos durch die Beziehung auf die Selig= keit der Weltseele dem Schönen einen absoluten Wert zu sichern gesucht, sondern auch durch Beziehung auf die jene zum Ziel und Zwecke habende Liebe Gottes. „Will man", sagt er in der Geschichte (S. 258), „diesem Wert oder Unwert der Dinge ein selbständiges Vorhandensein zuerkennen, so daß beide an sich wären und hernach von unserem Gefühle nur aufgefunden würden, so ist dies nur durch Vermittlung der Annahme mög= lich, daß eine zwecksetzende Absicht die Verhältnisse der Dinge eben zu diesem Zwecke geordnet habe, all dies mannigfach charakteristische Wohl und Wehe in der Welt hervorzubringen. Dann sind alle jene Wertbenennungen und alle jene ästhetischen Prädikate Bezeichnungen dessen, was die Dinge an sich selbst wollen oder sollen, und hierin allein, in dieser Absicht gleich= sam oder in dieser Bestimmung der Dinge, kann diejenige Ob=

jektivität liegen, welche wir dem Schönen und Erhabenen, dem
Rührenden und Furchtbaren zuschreiben dürfen". Im grunde
ist für die Absolutheit des Wertes des Schönen wenig damit
erreicht, die Dinge und Ereignisse als gewollt, als „sollend" oder,
wie Lotze sich sogar ausdrückt, als „wollend" darzustellen; viel
besser erklärt diesen Begriff die Beziehung des Wertes auf die
Weltseele und ihre Lust. (Vgl. Fechner Vorschule I S. 14.)
Aber etwas anderes erreicht Lotze, wenn er die Werte der Dinge
als gewollt, nicht blos als thatsächlich vorhanden darstellt; wir,
die Menschen, haben gewollten Werten gegenüber eine etwas
andere Wertschätzung als solchen gegenüber, die willenlos und
mit Notwendigkeit zu existieren scheinen: auf jene geht etwas
von der Verehrung für die „Güte" über, aus welcher sie ent=
sprangen; diese erscheinen nur wegen ihrer Fähigkeit zur Lust=
produktion als „Güter". So erinnert das Schöne an und er=
hält seinen Wert nicht blos von dem „Gute" an sich, der Welt=
seligkeit, sondern von dem „Guten" an sich, der Liebe des
lebendigen Gottes, worauf Lotzes Streben, der das Schöne
nicht hoch genug stellen kann, hinausläuft. Er selbst scheidet
zwischen jenen beiden Begriffen folgendermaßen: „Das Gut an
sich ist die genossene Seligkeit, die Güter, die wir so nennen,
sind Mittel zu diesem Gut, aber nicht selbst das Gut, ehe sie in
ihren Genuß verwandelt sind; gut aber ist nur die lebendige
Liebe, welche die Seligkeit Anderer will. Und sie ist eben das
Gute an sich, welches wir suchen." (Mikr. III 615.) Wenn
Fechner, welcher selbst (Vorschule I S. 19) richtig zwischen dem
Begriff des Guten im weiteren Sinne und im engeren Sinne
der Ethik und Religion scheidet, sagt: Lotze mache den Begriff
des Schönen erst von dem des „sittlich" Guten abhängig (Vor=
schule I S. 29) so hat er solche Stellen, wie die vorhin be=
sprochenen (Gesch. S. 258) im Auge. Gewöhnlich macht Lotze
den Begriff des Schönen von dem des absoluten „Gutes", der
Weltseligkeit abhängig.

Wir sahen oben, daß das Schöne dadurch entstehe, daß
sich Ideen in das Reale widerstandslos einbilden, oder dasselbe
sich unterwerfen. Diesem Vorgang im Realen entspricht nun

ein Vorgang im Beschauer, und diesen nicht deutlich hervorge=
hoben zu haben, erscheint als der bedeutendste Mangel an Kögels
Arbeit. Derselbe wird erst bei der Besprechung des Einzelschönen
im einzelnen deutlicher nachgewiesen werden; hier können vor=
läufig nur die Hauptsachen klar gelegt werden. Indem das
Reale „die von ihm anderwärts verlangten Formen des Da=
seins und Geschehens ohne Zwang wiederholt", (Grdzg. § 10)
wird es, eben als Wiederholung dieser anderen ideellen Formen
des Daseins und Geschehens, diesen ähnlich oder „entspricht"
ihnen wenigstens, wie sich Lotze manchmal ausdrückt. Dies ist
ein Punkt, den Lotze selbst in seinen allgemeinen Betrachtungen
nicht genug hervorhebt; obgleich seine Betrachtungen über das
Einzelschöne zeigen, daß er ihn hätte hervorheben müssen.
Wenn er die Schönheit in Anlehnung an Weiße da findet, wo
„Koincidenz" der 3 Reiche: der Wertideen (wozu er manchmal
inkonsequent die Schönheit selbst rechnet; vgl. Kögel S. 21—22)
der wirklichen Gestalten und Stoffe und endlich der notwendigen
Gesetze stattfindet, so ist durch den Begriff der Koincidenz oder
Einheit gar noch nicht gesagt, daß die Gestalten und Stoffe
(denn die Gesetze fallen für die Ästhetik fast ganz weg) durch
die Werte eine bestimmte Gestalt annehmen. Eher macht dies
der reine Idealismus erklärlich, den Lotze oft ohne merkbaren
Unterschied mit dem Weißeschen vermengt: wenn der schöne
Gegenstand ein glückliches Erzeugnis der nachbildenden Natur
ist „in welchem es ihr gelungen ist, sich des Ideales voll zu
erinnern und es ohne Verkümmerung in sinnlicher Erscheinung
darzustellen" (Gesch. 128), so ist es erklärlich, daß die schöne
Erscheinung ihrer Idee ähnelt.

Infolge dieser Ähnlichkeit nun geht in dem Beschauer des
Schönen ein ganz ähnlicher Vorgang vor, wie ihn Lotze in der
zuletzt citierten Stelle der nachbildlichen Welt zuschreibt: beim
Anblick der schönen Erscheinung „erinnert" er sich an die Idee,
deren Abbild die Erscheinung ist. Lotze hat seiner Meinung
nie einen klareren Ausdruck gegeben, als wenn er (Grdzg. § 12)
sagt: die einzelnen Gegenstände seien dadurch schön, daß sie an
sich zwar nur mechanische äußerliche Zusammenstellungen von

Teilen sind „aber durch die Form ihrer Verknüpfung an Wirk=
lichkeiten erinnern, die in denselben Formen Erzeugnisse der
Weltseele sind". Diese Stelle zeigt auch, daß Lotze die schöne,
„Erscheinung" gar nicht als Erzeugnis der Weltseele ansieht,
sondern nur die jeder zu grunde liegende Idee. Auch folgende
Stelle drückt Lotzes Ansicht gut aus. „Die elementaren Formen
des Schönen sind mir Analogien der allgemeinen Verhältnisse,
die alles Gute zu seiner Verwirklichung voraussetzt." (Gesch.
S. 234.) Nur wenn und insofern weil eine Erscheinung ein
Analogon, ein Symbol von allgemeinen Verhältnissen, d. h.
von Ideen ist, oder kurz gesagt, in dem sie ihnen mehr oder
weniger ähnlich ist und deshalb an sie „erinnert", wirkt sie ästhe=
tisch. Was Lotze (Gesch. S. 233) von den Formen im speziellen
sagt (übrigens ein Ausdruck, den er sehr oft in viel weiterem
Sinne gebraucht, als der gewöhnliche Sprachgebrauch)), daß
Schönheit zwar auf ihnen beruhe und ohne sie unbenkbar sei,
daß aber „der Wert dieser Formen, den das ästhetische Urteil
anerkennt, kein ursprünglich ihnen selbst eigener sei, sondern auf
sie übertragen von Vorstellungen aus, an welche sie erinnern"
oder, wie er sich bald darauf ausdrückt, daß Formen uns (scil.
ästhetisch) nur erregten durch „Erinnerung" an ein inhaltlich
unbedingt Wertvolles, dessen Vorbedingungen oder Erscheinungs=
weisen sie sind, gilt ebensowohl von allen andern Arten des
Schönen, wie von den Formen im engeren Sinne.

Man kann den Vorgang in der Seele des Beschauers, den
Lotze, wie wir sehen werden, oft als Deutung bezeichnet, auch
als Association durch Ähnlichkeit bezeichnen; und in diesem
Sinne hat Fechner recht, wenn er (Vorschule der Ästhetik I S. 87)
sagt, Lotze habe vor ihm fast die ganze Ästhetik von dem von
ihm (Fechner) so genannten Associationsprinzip abhängig ge=
macht; freilich, wie er in einer Anmerkung andeutet, von einer
sehr weiten Fassung dieses Prinzips. Wirklich ist die Association
bei Lotze zum großen Teile von der bei Fechner prinzipiell ver=
schieden. Während dieser die Association nur durch Vorstellungen
und deren Gefühle erklärt, wie sie die Erfahrung in der Er=
scheinungswelt darbietet, besteht die Association bei Lotze meisten=

teils in einer Erinnerung an die der schönen Erscheinung zu
grunde liegende Idee und deren Wert. Ich sage „meistenteils",
weil auch jene andere Art der Association Lotze durchaus nicht
fremd ist, er sie sogar in sehr fruchtbringender Weise anwendet.
Aber diese letztere Art der Association, die Lotze meist als Sym=
pathie darstellt, würde, wie wir sehen werden, nach Lotzes be=
stimmter Äußerung (Gesch. 86) den Eindruck noch nicht ästhe=
tisch machen; sondern dies geschieht erst, wenn uns auch die
Ideen, deren Analogon oder Symbol das Einzelschöne ist, und
damit der absolute Wert des Schönen ins Bewußtsein treten.
Denn dieser Wert ist für den ästhetischen Eindruck, der Lotze
im letzten Grunde nur im Gefühl zu bestehen scheint, die Haupt=
sache: es würde wenig helfen, wenn wir nur „wüßten", daß
dem Eindruck eine Idee zu grunde liege, wenn uns nicht der
„Wert" dieser Idee mit ins Bewußtsein träte. Fechner hat
sein Associationsprinzip (Vorsch. I S. 94) dahin formuliert:
„Nach Maßgabe —, als uns das gefällt oder mißfällt, woran
wir uns bei einer Sache erinnern, trägt auch die Erinnerung
ein Moment des Gefallens oder Mißfallens zum ästhetischen
Eindrucke der Sache bei" —. Wenn Lotze eine ähnliche For=
mulierung hätte versuchen wollen, so hätte sein Associations=
prinzip etwa folgendermaßen lauten müssen: Nach Maßgabe,
als die Idee, an welche eine Erscheinung erinnert, einen „ein=
sehbaren Wert" (Gesch. S. 287) hat, trägt die Erinnerung an
sie ein Moment des Gefallens oder Mißfallens zum ästhetischen
Eindruck der Sache bei.

Wirklich trägt die Idee nur bei zum Gefallen oder Miß=
fallen. Denn wenn Lotze auch das eigentlich Ästhetische des
Eindrucks meist erst in ihrem Bewußtwerden sucht, so würde
man doch sehr irren, wenn man glaubte, Lotze ließe das Schöne
nur durch diese Erinnerung wirken. Nicht blos die Ideen er=
regen durch Erinnerung Gefühle, sondern auch die Erscheinungen
selbst mehr oder weniger direkt; ja diese Erscheinungen sind,
wenn auch nicht dem Werte, so doch der Masse nach die Haupt=
sache des ästhetischen Eindrucks. Freilich scheint es oft, als
wenn Lotze sie garnicht zu dem eigentlichen „ästhetischen" Ein=

2*

bruck rechne; Thatsache aber ist, daß er sie durch dieselben Gegen=
stände, welche auch jene im engeren Sinne ästhetischen Gefühle
erregen, entstehen läßt. Diese durch die Erscheinungen erregten
Gefühle und ihr Verhältnis zu den Erinnerungsgefühlen werden
uns hauptsächlich bei der Betrachtung der einzelnen Arten des
Schönen beschäftigen, zu der wir uns jetzt wenden.

Wir betrachten zuerst das von Lotze so genannte Angenehme
der Empfindung, das von Kögel sehr kurz behandelt ist, obgleich
Lotzes diesbezügliche Lehren mehr Schwierigkeiten bieten, als
irgend ein anderer Teil seiner Ästhetik. Lotze rechnet zu dem
Angenehmen der Empfindung außer den Eindrücken der Töne
Farben und Harmonien auf die Wärme= und Geruchsempfindungen,
wozu nach dem auf Seite 293 gesagten auch noch die Geschmacks=
empfindungen kommen. Den Grund, warum er so einfache,
gewöhnlich nur dem Angenehmen zugezählte Eindrücke in die
Ästhetik aufnimmt, giebt Lotze (S. 259) folgendermaßen an:
„Auch der einfachste sinnliche Eindruck kann uns nicht blos
überhaupt wohlthun, sondern er kann es nur in bestimmter
Färbung; diese Färbung ist auch an ihm ein ästhetisch wertvoller
Inhalt, der dadurch nicht geringer wird, daß er nur in unserem
Wohlsein sein Bestehen hat.“ Für die Wärmeempfindung führt
er dies dann folgendermaßen aus: „Eine milde Wärme ist
sinnlich angenehm, wenn wir nur auf das Quantum des Be=
hagens Rücksicht nehmen, welches sie uns verschafft; daß sie es
aber so thut, anders nämlich als eine erfrischende Kühle, — dies
erinnert uns, daß in ihr ein eigener Wert liegt, den wir auch
dann anerkennen, wenn er nicht auf uns, sondern auf einen
anderen günstig wirkt.“ Es komme gewissermaßen auf die
Richtung unseres geistigen Blickes an, ob wir einen Eindruck
nur als Angenehmes oder schon als Schönes empfinden: „wer
bei dem einfachsten sinnlichen Eindrucke von der Förderung seines
persönlichen Wohles absieht und sich in den eigentümlichen In=
halt versenkt, durch welchen der Eindruck diese Förderung bewirkt,
hebt aus diesem Sinnlichen das Element des Schönen hervor,
das in ihm eingeschlossen liegt“. (Gesch. S. 260) Der Vorgang
bei der ästhetischen Perception des Angenehmen der Empfindung

(oder wenigstens seiner niedrigsten Stufen) ist also nach Lotze folgender. Betrachten wir ein Empfindungsgefühl z. B. ein Wärmegefühl als gegeben (denn seine Entstehung untersucht Lotze nicht), so können wir unserer Aufmerksamkeit eine doppelte Richtung geben: sie entweder auf das Quantum Behagen richten, das uns zu teil wird, auf die Förderung unseres persönlichen Wohlseins, oder aber auf die bestimmte Färbung, mit welcher der Eindruck ins Bewußtsein tritt, auf den eigentümlichen Inhalt der Empfindung. Dies wären aber noch keine Gegensätze; der eigentümliche Inhalt tritt dem Quantum des uns erregten Behagens erst dadurch gegenüber, daß er uns daran erinnert, daß in dem Eindruck ein „eigener" Wert liegt. So wird aus der bestimmten Färbung ein „ästhetisch wertvoller Inhalt" (S. 259), indem sich der Begriff des Wertes unmittelbar mit dem des Inhaltes verbindet, der an ihn eigentlich nur„ erinnert". Dieser „eigene" Wert hat aber, trotzdem er dem Gefühle unseres persönlichen Behagens entgegengesetzt ist, die merkwürdige Eigen-schaft, nur in unserem Wohlsein ein Bestehen zu haben (S. 259). In unserer Freude erlangt der eigene Wert des Reizes einen Augenblick die lebendige Wirklichkeit, die er anderswo nicht finden kann. (S. 260).

Weitere Aufschlüsse über Lotzes Gedankengang, besonders über die Genesis des Begriffes des eigentümlichen Inhaltes der Empfindung, giebt der Mikrokosmos. Lotze unterscheidet dort (II S. 182—3) zwei Teile der Empfindung: ihren qualitativen Inhalt und den andern Teil der Empfindung, das Gefühl der Lust und Unlust (S. 183). Jener geht bei den Empfindungen der niederen Sinne und bei der tierischen Sinnlichkeit vor der Intensität des Wohls und Wehes zu Grunde (S. 183), während er bei den höheren Empfindungen, besonders der menschlichen Sinnlichkeit deutlich hervortritt (S. 184—185). Mit dem anderen Teile der Empfindung, dem Gefühle geht in den höheren Sinnen ebenfalls eine Veränderung vor: wir empfinden in ihm nicht blos den Wert der Eindrücke für uns, sondern (auch) ihren Wert an sich. Beides, das klare Hervortreten des Inhaltes und des eigenen Wertes oder des Wertes an sich, zusammenfassend fagte Loße (S. 166): Der tierische Egoismus des Empfindens verkläre sich zu einer klaren Anerkennung der eigenen Lieblich= keit und Trefflichkeit des Inhaltes, die unabhängig davon ist, daß sie uns wohlthut. In der Geschichte drückt Loße diesen Gedanken folgendermaßen aus: „Die Frische oder Wärme, die ihm selbst allerdings sinnlich behagen, die Düfte, die ihn er= freuen würden, kommen für ihn (den unbefangenen Sinn des Beobachters eines Landschaftsbildes) gar nicht von diesem Gesichts= punkt aus, nicht nach dem Maße des Nützlichen oder Schäblichen in betracht, das sie für ihn enthalten; sie erscheinen ihm vielmehr als eigene charakteristische Lieblichkeiten und Trefflichkeiten der Außenwelt selbst, die nur das Eigentümliche haben, daß kein Verstand, welcher sie sich objektiv gegenüberstellen könnte, sondern nur unser Gefühl der Lust und Unlust das Organ für ihre An= schauung Erlebung und Anerkennung ist" (S. 268). Was ist nun dieser „eigene" Wert der Eindrücke, dieser Wert „an sich", der aber doch in unserer d. h. der Menschen Freude die lebendige Wirklichkeit erlangt, die er anderswo nicht finden kann (S. 260), für den unser Gefühl das Organ der Anschauung, Erlebung und Anerkennung ist? Wir sind uns im allgemeinen Teile unserer Darstellung darüber klar geworden, daß ein eigener, ab= soluter Wert, ein Wert „an sich" den Eindrücken nur insofern zukommen könne, als das, was ihnen objektiv zu Grunde liegt, ein in den ganzen Bau der Welt sich wertvoll einfügendes Prä= dikat ist (Grdzg. § 6) d. h. die Seligkeit der Weltseele mehrt und haben gesehen, daß dies Wertvolle die dem schönen Eindrucke zu grunde liegende Idee sei. Eigentümlich ist nun die Art und und Weise, wie Loße bei den niederen Sinnen das Bewußtwerden derselben und damit ihres Wertes klar zu machen sucht. Da ie „formlosen" Eindrücke der niederen Sinne nicht durch ihre Form an Wirklichkeiten erinnern können, die in denselben Formen Erzeugnisse der Weltseele sind (Grdzg. § 12), so bezeichnet er das Bewußtwerden der Idee bei den niederen Sinnen als das Be= wußtwerden des „eigentümlichen Inhalts" oder der „Färbung" des Eindrucks, indem er, wie der Mikrokosmos zeigt, die Thatsache, daß in der menschlichen Empfindung auch der niederen Sinne

im Gegensatz zur tierischen Sinnlichkeit der „Inhalt" der
Empfindung mehr hervortritt, in höchst eigentümlicher Weise mit
den Lehren des Idealismus kombiniert. Weil so die Wahrnehmung des eigentümlichen Inhalts, der charakteristischen Färbung eigentlich das Bewußtwerden der hinter der Erscheinung
stehenden Idee ist, wird es begreiflich, daß die Wahrnehmung
des eigentümlichen Inhaltes, die als Erkenntnisakt mit der
Anerkennung von Werten eigentlich gar nichts zu thun zu haben
scheint, daran erinnert, daß in dem Eindruck ein eigener Wert
liegt (S. 260) und endlich selbst zur Wahrnehmung des „wertvollen Inhaltes" wird. Auf die im allgemeinen Teile betonte
Schwierigkeit, wie der eigene absolute Wert doch in unserm
Wohlsein sein Bestehen haben und von uns erlebt und aner-
kannt werden könne, und wie, wenn dies geschehe, er ein absoluter Wert heißen könne, braucht hier nicht im speziellen
zurückgekommen zu werden.

Weit deutlicher ist die Anknüpfung an den Idealismus bei
Lotzes Lehren über die Empfindung der höheren Sinne des Ge-
sichts und Gehörs. Während Lotze aus den oben erwähnten
Gründen bei den Empfindungen der niederen Sinne die Wahrnehmung des Inhaltes direkt die Anerkennung des Wertes herbei-
führen läßt, läßt er diesen Wert bei den Wahrnehmungen der
höheren Sinne infolge einer Association oder einer Deutung
des ursprünglichen Eindruckes uns ins Bewußtsein treten. An
den Versuchen des Idealismus tadelt Lotze, (S. 269) daß dieser
zwar die Aufgaben, welche das Absolute im Zusammenhang
seiner Entwicklung dem Lichte und Schalle gegeben habe, die
Idee, zu deren Darstellung in der Wirklichkeit beide berufen seien,
aufzuzeigen versucht habe, aber damit wenig zur Erkenntnis der
ästhetischen Würdigung der Eindrücke beigetragen habe. Diese
könnte nicht von einer so mysteriösen Bestimmung, „sondern
nur von demjenigen abhängen, was von einer solchen Bestimmung
unmittelbar und ohne Philosophie bemerkt wird" (S. 269).
Der Idealismus sei zu wenig auf die Zergliederung dessen ein-
gegangen, was diese Eindrücke durch sich selbst oder durch die
nächsten unabweisbarsten Vorstellungsassociationen uns empfinden

laſſen" (Geſch. S. 269). Auch im Mikrokosmos wendet ſich Lotze gegen Verſuche der Erklärung, wie den, daß das Licht die reine Jdentität der Materie mit ſich oder die Einheit ihrer Re= flerion in ſich ſei (II S. 179). „Jene ſpekulativen Deutungen, die der Philoſoph vielleicht mit Recht der Empfindung und ihren Objekten beilegt, ſind in der Empfindung ſelbſt und in der Seele, welche empfindet, nicht vorhanden, weder als Nebenge= danken, die ſich allemal zum Eindruck geſellen, noch als bewußte Motive, um derenwillen die Eigentümlichkeit des Empfindungs= inhaltes auf das übrige geiſtige Leben einen Einfluß von be= ſtimmter Größe und Richtung erhalten müßte" (ibid S. 180). Jndem ſich nun Lotze (Geſch. S. 270—1) an die Aufſuchung der nächſten unabweisbarſten Vorſtellungsaſſociationen macht, findet er (S. 270), daß der Klang ſtets als eine thätige Offen= barung des geſtaltloſen Jnneren der Dinge, die Farbe für die ruhige Erſcheinung der Realität gehalten worden ſei. „Das all= gemeine Licht — erſcheint uns als das univerſale Mittel, das geordnete Nebeneinanderſein aller Dinge herzuſtellen;" „die Stille — iſt der natürlichſte Ausdruck der Thatloſigkeit, lautloſe Finſternis die ſinnliche Erſcheinung des Nichts." Jm Mikrokosmos findet er (II S. 191), daß in dem, was das Licht zum Licht macht, in dem hellen Scheine und Glanze unmittelbar der Eindruck einer Entſchiedenheit aller Verhältniſſe der Löſung aller Zweifel und einer zuſammenfaſſenden Einheit liegt, in welcher alles Einzelne ſeinen Platz einnimmt oder finden kann. (Über den Klang vgl. S. 192). Lotze bezeichnet die „Hindeutungen auf Realität, Bewegung und Thatloſigkeit," die er unmittelbar in dem Eindrucke von Licht und Schall zu finden glaubte als „allgemeine Vorſtellungen" Geſch. S. 271, als „Gedanken", die ſich an jene Eindrücke für denjenigen knüpfen, der vom Sein und Thun vom Handeln und Ruhen bereits andere Erfahrungen hat. Die Empfindung einer ſolchen Seele iſt ein zuſammengeſetzter Akt, „in welchem der ſinnliche Eindruck durch das Auftauchen von Nebengedanken gedeutet wird, und erſt wo dieſe Stufe der Ausbildung erreicht iſt, können wir an die Möglichkeit eines äſthetiſchen Eindrucks glauben" (ibid.). Hier iſt deutlich ausgeſprochen, daß erſt dieſe unmittelbaren

Associationen die Sinneseindrücke zu ästhetischen erheben. Aufmerksam möge noch darauf gemacht werden, daß Lotze hier weder den Gefühlston des Eindrucks, sofern er nur sinnlich ist, noch den der Associationsvorstellungen hervorhebt, was wir ihn bei den Harmonien werden nachholen sehen. Den Schlüssel zu Lotzes obigem Gedankengang aber geben erst die Worte: „Ruhiges Dasein, thätige Bewegung und alle die Eigentümlichkeiten, die ich oben in dem Tonreiche ausgedrückt zu finden glaubte, können dem Idealismus als Formen des Daseins und Geschehens gelten, welche die höchste Idee zu ihrer Verwirklichung notwendig voraussetzt." (Gesch. S. 273). Jene associativen Nebengedanken sind also nichts, als das Bewußtwerden der dem Lichte und Schalle „objektiv zu grunde liegenden" Ideen. So werden wir Lotze bei allen Arten des Schönen, freilich bei den verschiedenen in der verschiedensten Weise, bemüht sehen, diese Ideen und die von ihnen angeregten associativen Nebengedanken aufzuzeigen. Diese sind es eigentlich, welche den schönen Eindruck ausmachen; der eigentliche sinnliche Eindruck und das, was ihn anregt, ist im Grunde nur der Anlaß, causa occasionalis, freilich ein unvermeidlicher Anlaß zur Enstehung jener Associationen, welche uns den ästhetischen Wert des Eindrucks erst klar machen. Will man den sinnlichen Eindruck schon schön nennen, so kann dies nur insofern geschehen, als ihm eben die Fähigkeit innewohnt an Verhältnisse zu erinnern, die in denselben Formen Erzeugnisse der Weltseele sind (Grdzg. § 12).

Bevor wir uns zu einer Kritik dieser Ansicht wenden, wollen wir noch Lotzes Ansichten über die Harmonien der Töne betrachten, von welchen er eine weitere Aufklärung über die eben geschilderten Lehren hofft. (Gesch. S. 274—75,) und welche wirklich die Ausführungen über Licht und Farben in wichtigen Punkten ergänzen. Die Wirkung der Harmonien läßt sich auf zwei Weisen denken: „Bringen", fragt Lotze (Gesch. S. 277) „zwei dissonierende Töne in den Gehörnerven zwei unverträgliche Nervenprozesse hervor? und erzeugen sie so einen Störungszustand des Nerven, der als Reiz auf die Seele wirkend, von dieser als Unlust wahrgenommen wird? Oder verlaufen die Eindrücke in Nerven ohne Schaden nebeneinander? und können vielleicht nur die beiden gehörten Töne, die Empfindungen also nachdem sie im Bewußtsein entstanden sind, von der vorstellenden Thätigkeit der Seele um deswillen, was sie sind, nicht zugleich ohne Widerstreit festgehalten werden, so daß die Zumutung, es dennoch zu thun, Unlust erzeugt als Zeichen einer Gewalt, die der Seele, nicht einer solchen, die den Nerven angethan wird?" Mit der Erklärung der Wirkung der Harmonie als Nerven= erregung ist nichts erreicht. „Man müßte ferner wissen, wie das, (in den Nerven) Geschehende auf die Seele wirken kann, und in welcher Weise es von ihr aufgenommen wird" (S. 280). Nur scheinbar versteht es sich von selbst „daß Vorgänge, die die Nerven stören, nach dem Maße dieser Störung auch der Seele Unlust erregen müssen" (ibid.). Viel wahrscheinlicher ist es ihm „daß die in Nerven entstandene materielle Störung nur allgemeine Symptome der Ermüdung, Anstrengung und erhöhter Reizbarkeit hervorbringt, daß dagegen die spezifisch ästhetischen Gefühle des Wohlgefallens, welche sich an verschiedene Disso= nanzen verschieden knüpfen, erst aus den Gegenwirkungen der Empfindungen entspringen, nachdem diese im Bewußtsein ent= standen sind, oder indem sie in ihm entstehen" (Gesch. S. 281). Aber auch letzterer Standpunkt, den besonders Herbart einge= nommen, genügt Lotze nicht; mit dieser Theorie: Gefallen oder Mißfallen hängen von dem Nutzen oder Schaden ab, den die wahrgenommenen Verhältnisse für die Ökonomie unseres Vor= stellens haben, sehe man sich zu Kants Ansicht zurückgeführt, welche die Schönheit in der Übereinstimmung der Eindrücke mit dem Ablauf der Seelenvermögen fand (S. 285). Daß diese Erklärungsweise ihm nicht genüge, spricht Lotze deutlich am An= fange der Grundzüge (§ 1) aus. So sehen wir ihn auch hier über diese Erklärungsweise hinausgehen, Herbart hatte die Er= regung des Nervs einen Nervenkitzel genannt. „Ist es nicht Seelenkitzel", fragt nun Lotze (S. 286) statt des Nervenkitzels, „wenn man die ästhetische Wirkung der musikalischen Akkorde auf Nichts weiter zurückführt, als auf die Fügsamkeit oder Wider= spenstigkeit, die sie gegen die Bedürfnisse der Ökonomie unseres

Vorstellens zeigen"? Seinen eigenen Standpunkt schildert Lotze
darauf in folgenden Worten: „wenn unser ästhetisches Interesse
etwas Vornehmeres sein soll, als was hier unter dem Namen
des Kitzels getadelt wird, so muß sich finden, daß jene Ton-
verhältnisse nicht gefallen, weil sie unserer Seele bequem sind,
sondern weil sie kenntlich und deutlich solche Formen des Daseins, Bestehens und Geschehens abbilden, welche ein unbedingt
wertvolles, sagen wir: ein höchstes Gut irgendwie zu seiner
Verwirklichung voraussetzte" (S. 286). „Als bloße Zahlenver-
hältnisse sind alle Verhältnisse der Töne gleich ehrlich; als Verhältnisse auf uns einwirkender Reize werden sie nützlich oder
schädlich, erklären aber dadurch nur unser subjektives Wohlbe-
finden; einen eigenen objektiven Wert, den ein ästhetisches Urteil anzuerkennen hätte, können sie nur haben, sofern sie Beispiele allgemeiner Verhältnisformen sind, die als notwendige
Momente einer alles beherrschenden Idee oder als Gegensätze
zu solchen, unbedingt anzuerkennen oder zu verwerfen sind"
(S. 287). Nach verschiedenen Richtungen hin sind diese Stellen
von fundamentaler Wichtigkeit für die Erkenntnis von Lotzes
Ästhetik. Zuerst dadurch, daß sie zeigen, daß jene Assoziationen,
welche Lotze bei Licht und Klang konstatierte, durch die „Ähnlichkeit" der Erscheinung mit einer Idee hervorgerufen werde:
die Harmonien wirken ästhetisch, sofern sie „kenntlich und deutlich" die Formen des Geschehens und Daseins „abbilden", welche
das höchste Gute zu seiner Verwirklichung voraussetzt; (S. 286)
sofern sie „Beispiele" allgemeiner Verhältnisformen sind (S. 287).
Ferner dadurch, daß hier deutlich die Wirkung, welche der schöne
Eindruck als Erscheinung auf die Seele ausübt, als noch nicht
ästhetisch, sondern als nur nützlich oder schädlich von derjenigen
geschieden wird, die sie als „Beispiel" einer Idee ausübt: als
Verhältnisse auf uns einwirkender Reize werden sie (die Verhältnisse der Töne d. h. die Harmonien) schädlich oder nützlich,
erklären aber dadurch nur unser subjektives Wohlgefallen u. s. w."
(S. 287). Noch wichtiger aber ist, daß wir hier auch auf den
„Wert" jener allgemeinen Verhältnisse, an welche die Harmonien
erinnern, aufmerksam gemacht werden, was wir bei Licht und

Klang vermißten. Während wir bei jenen wohl wußten, daß
der Eindruck eine Idee versinnliche, erfuhren wir doch nicht,
welchen Gefühlston die dadurch hervorgerufene assoziative Deutung
hatte. Und doch ist grade dieser Gefühlston die Hauptsache!
Das Auftauchen eines Nebengedankens ohne Gefühlston wäre
für den ästhetischen Eindruck, der lediglich im Gefühl liegt,
ziemlich gleichgiltig. Hier erfahren wir: „ästhetisch wirken Kon=
sonanzen und Dissonanzen nicht bloß, weil sie solche Momente
der Idee enthalten, — sondern deswegen, weil sie eben den
einsehbaren Wert jener idealen Verhältnisse uns zu einem un=
mittelbaren Gefühl eines charakteristischen Wohl oder Wehe ver=
dichtet erlebbar machen" (S. 287). Die Harmonien „konzen=
trieren" den Wert solcher Verhältnisse (Streit und Überein=
stimmung), und zwar jeder in seiner Eigenheit zu einem charak=
teristischen, unmittelbar erlebbaren Gefühle" (S. 288). Hiermit
ist Lotzes Zweck erreicht: das ursprünglich von den Harmonien er=
regte, nur der Kategorie des Nützlichen angehörige Gefühl ist
veredelt; der Eindruck hat an „Würde" (S. 286) gewonnen durch
ein Zusatzgefühl, das, wie wir wohl annehmen müssen, mit
jenem verschmolzen den ganzen ästhetischen Eindruck ausmacht.
Der bei Licht und Schall so deutlich hervorgehobene Assoziations=
vorgang wird hier nur angedeutet: aber nichts anderes will
Lotze mit den Worten sagen: die Harmonien bildeten kenntlich
und deutlich Ideen ab, welche das Gute seiner Verwirklichung
zu grunde lege, und sie seien „Beispiele" allgemeiner Verhältnis=
formen, als daß sie als solche Abbilder und Beispiele in uns
die Erinnerung dessen erregen, dessen Beispiele sie sind. Wie
ferner Lotze bei Licht und Schall die Hindeutung auf Realität,
Thätigkeit, Bewegung und Thatlosigkeit „unmittelbar" in dem
Eindrucke von Licht und Schall fand (S. 271), welche Unmittel=
barkeit der Assoziation er auch dadurch bezeichnet, daß er sagt,
der Eindruck „versinnliche" die Idee (S. 273—274), so hebt
er hier die Unmittelbarkeit der durch die assoziative Deutung
entstehenden Gefühle hervor: die Harmonien wirken ästhetisch,
weil sie „den einsehbaren Wert jener idealen Verhältnisse zu
einem unmittelbaren Gefühl eines charakteristischen Wohl und Wehe

verdichtet erlebbar machen" S. 287). Welches ist nun der
Wert dieser Betrachtungsweise? Finden in dem unbefangenen
Gemüte wirklich diese Assoziationen statt, oder ist Lotzes Ver=
suchen nicht Ähnliches vorzuwerfen, wie das, was er selbst der
spekulativen Philosophie vorwirft: sie scheine darin zu fehlen
„daß sie eine spekulative Deutung, welche unsere Reflexion an
den Sinnesinhalt knüpfen kann und meistens besser thun würde,
nicht an ihn zu knüpfen, als einen natürlichen Bestandteil dieses
Inhaltes ansehen, der in jeder unbefangenen Seele sich von
selbst an ihn knüpfen müßte" (Mikr. II, S. 180. vgl. S. 181).
Die wenigsten der obigen Assoziationen werden als ein „natür=
licher Bestandteil" des Inhaltes des Eindruckes anzusehen sein.
Der Unterschied zwischen der Definition des Lichtes als der
reinen Identität der Materie mit sich oder Einheit ihrer Reflexion
in sich (Gesch. S. 179) und der Behauptung, in dem, was das
Licht zum Lichte macht, liege der Eindruck einer Entschiedenheit
aller Verhältnisse, der Lösung aller Zweifel und einer zusammen=
fassenden Einheit, in welcher alles Einzelne seinen bestimmten
Platz findet, (Mikr. II, S. 191) ist kein prinzipieller. Was von
den assoziativen Vorstellungen gilt, gilt in noch höherem Grade
von den Gefühlen, welche diese Assoziationen mit sich führen.
Wenn man selbst zugiebt, lautlose Finsternis sei die sinnliche
Erscheinung des Nichts, so wird sich doch der unbefangene Sinn
sträuben, zu glauben, daß lautlose Finsternis den einsehbaren
Wert dieses idealen Verhältnisses zu einem charakteristischen
Wohl und Wehe verdichtet erlebbar mache. Und selbst wenn
alle jene Assoziationen solche wären, welche die Seele bei ihren
sinnlichen Verrichtungen „unvermeiblich. — mit diesen Ver=
richtungen im Augenblick ihrer Ausübung verbindet", (Mikr. II,
S. 181) so brauchte man in diesen Assoziationen noch nicht, wie
Lotze es thut, auch das Bewußtwerden der den Erscheinungen
zu grunde liegenden Ideen zu suchen. Auch eine positivistische
Ästhetik, eine Ästhetik von unten, wie sie Fechner genannt hat,
kann von der Assoziation Gebrauch machen, und Fechner selbst
hat einen vielleicht zu ausgedehnten Gebrauch davon gemacht,
aber sie wird ihre Assoziationen nicht aus der Welt der Ideen

holen. Sie kann vielleicht anerkennen, daß sich eine Hindeutung auf Realität, Bewegung und Thatlosigkeit in dem Eindrucke von Licht und Schall finden; aber sie wird den Ursprung dieser „allgemeinen Vorstellungen" und ihres Gefühlstones in den Erfahrungen suchen, die jeder in seinem Leben in der Welt der Erscheinungen von Realität u. s. w. gemacht hat. Sie wird zugeben, daß bei der Perzeption von Harmonien der Einklang und Streit, als eine durch unbekannte Gründe fertig gemachte Thatsache Gegenstand unseres Bewußtseins sei und das Objekt bilde, auf welches sich unser Gefallen und Mißfallen bezieht (Gesch. S. 286), aber sie wird in den Gefühlen, welche diese Vorstellungen erregen, nur Erinnerungsresiduen von solchen Ge= fühlen sehen, welche die von uns in uns und in der Erscheinungs= welt außer uns erlebten Arten des Einklangs und Streites zurückgelassen haben und nicht eine Erinnerung an die kosmische Bedeutung der Idee des Streites und Einklangs darin suchen. Doch es wird sich noch Gelegenheit bieten hierauf zurückzukommen.

Vorerst gehen wir zu dem Teile des ästhetisch Wirksamen über, den Lotze als das Wohlgefällige der Anschauung bezeichnet. Lotze betrachtet unter dieser Rubrik zuerst den Rhythmus, den er ebenso gut unter dem Angenehmen der Empfindung hätte betrachten können. Er referiert zuerst über Herbarts Ansichten von der Wirkung in bestimmten Zeiten wiederkehrender Takt= schläge. Herbarts sehr schwierige Untersuchung, von der Lotze selbst gesteht, er wisse nicht, ob seine Darstellung den Sinn der Herbartschen treffe, ist nur einzelnen Taktschlägen, wie etwa denen einer Uhr gewidmet, und läuft im Wesentlichen darauf hinaus, die Gefühlswirkung derselben auf Hemmung und För= derung unseres Vorstellungslebens zurückzuführen. Lotze be= trachtet mehr die kleinen Kombinationen von taktmäßigen Ein= brücken, wie sie die einzelnen Versfüße bei der rhythmischen Recitation bilden. Hierbei schlägt er einen von der Erklärungs= weise ganz verschiedenen Weg ein. Nachdem er nachgewiesen: Was in der wirklich zeitmessenden musikalischen Aufführung zur Länge wird, das ist im gesprochenen Vortrage keine zeitliche, sondern eine dynamische Größe (Gesch. S. 300) und: „Nicht zeitliche Volumina verknüpft sie (die Recitation) zu bestimmten Gesamtausdehnungen, sondern Massen zu bestimmten Massensystemen" (S. 301), fährt er, den Eindruck dieser dynamischen Größen untersuchend, fort: „Jene Massen von verschiedenem Gewicht stellen wir nicht in ruhender Anordnung, sondern in bewegter Reihenfolge vor, und der Eindruck auf der Anschauung einer lebendigen Thätigkeit, welche diese auf ihrem Wege eigentümlich verteilten Widerstände vorfindet und sie bald steigend in ihrem Gange, bald fallend, hier verzögert dort beschleunigt, jetzt stetig verfließend dann mit scharfen Unterbrechungen ihres Verlaufes überwindet (S. 301—302)." Aber diese Massen und Widerstände überwältigende Thätigkeit wäre uns eine gleichgiltige Thatsache, wenn wir sie nicht als fühlend dächten und ihre Gefühle mitfühlten. Diesen Zusatz, den wir hier vermissen, und der höchstens durch das der Thätigkeit gegebene Beiwort „lebendig" angedeutet wird, macht Lotze später (S. 304) freilich ziemlich nebenbei, indem er sagt: „Ich habe stillschweigend angenommen, daß der Reiz des Rhythmus auf der Anschauung einer Bewegungsform beruht, deren Gefühlswert wir verstehen." Und wirklich konnte er sich die Ausführung dieses Gedankens ersparen nach alledem, was er früher (S. 79 fg.) über den Gefühlston der Wahrnehmung von Bewegungen gesagt; in ähnlicher Weise sollen wir hier offenbar annehmen, daß wir mit jener „Bewegungsform" jener Widerstände überwindenden Thätigkeit sympathetisch mitfühlen.

Aber etwas anderes wird man hier vermissen. Ist dieses sympathetische Mitfühlen mit der Bewegungsform schon ein ästetisches Gefühl? Schwerlich wird man dies glauben, wenn man liest, wie Lotze an Herder tadelt; er habe leicht bemerken können „daß für sich genommen Sympathie nicht der Grund eines wahrhaft ästhetischen Urteils sein könne" (Gesch. S. 86). Nicht darin, daß Lotze an dieser Stelle nicht auf die musikalische Rhythmik behandelt hat, was Kögel hervorhebt, besteht eine Lücke — denn diese wird, wenn auch kurz in dem von Kögel ganz unbeachtet gelassenen, von der Musik handelnden Kapitel besprochen — sondern darin, daß Lotze hier nicht in gewohnter

Weise die Anknüpfung an das höchste Gut oder höchste Gute gegeben hat.

In welcher Weise dies hätte geschehen können, zeigen eben die, wenn auch kurzen, so doch keineswegs fehlenden Bemerkungen Lotzes über die musikalische Zeitmessung (Gesch. S. 489—90), die bei der großen Verwandtschaft des metrischen und musikalischen Rhythmus auch für jenen verwandt werden können. Der Takt der Musik scheint ihm dort an seinem Teile die Aufgabe der Kunst eine „Andeutung" oder ein „Abbild" des gesamten Welt= laufes zu geben (S. 488), zu erfüllen. Der Takt, sagt er (S. 489), giebt uns unmittelbar den Eindruck eines allgemeinen Gesetzkreises, welcher alle Mannigfaltigkeit gleichmütig be= herrscht —;" womit zu vergleichen, was Lotze in den Göttinger Studien 1845 (S. 92) sagt: In der Musik bilden die Schläge des Taktes die stets begleitende Erinnerung an das allgemeine Schicksal, dessen abgemessene Kreisungen alle Wirklichkeit hervor= ruft und hinrafft. (Vgl. Grdzg. der Ästh. §. 26). Wollte man den Lotzeschen Gedanken vervollständigen, so müßte man hinzu= setzen: und bildet so eine Form des Geschehens ab, welche das höchste Gut als notwendige Vorbedingung seiner Verwirklichung voraussetzt, wodurch der Takt einen objektiven eigenen Wert er= hält und nicht mehr bloß als Verhältnis auf uns wirkender Reize nützlich ist. (Vgl. Gesch. 286—7.)

Wir wenden uns jetzt zu Lotzes Betrachtungen über die Musik im ganzen, welche Kögel mit Unrecht fast ganz unbeachtet gelassen hat, da auch hier Lotzes Methode klar zu tage tritt. Auch hier unterscheidet Lotze zwei Stufen des Eindrucks: einen mehr direkten, von den Erscheinungen angeregten, der kaum schon ästhetisch zu nennen ist, und einen von den „allgemeinen Ver= hältnisformen" angeregten assoziativen, der den Eindruck eigent= lich erst ästhetisch macht.

Die Besprechung jener ersten Stufe des Eindrucks knüpft Lotze an eine Kritik der Ansichten Hanslicks an. Dieser hatte darauf hingewiesen, daß die Musik äußere, sogenannte physikalische Eindrücke formell nachahmen könne: sie ahme das dynamische jener physikalischen Erscheinung und ihren Rhythmus nach, aber auch nur diesen. Die Musik mag also „die Bewegungsform, in welcher der Schnee fällt, durch eine Tonfigur wiedergeben, aber durch keine Tonfigur kann sie sagen, daß es eben der Schnee ist, welcher so zu fallen pflegt. Die Erinnerung an ihn oder an das Flattern der Vögel ist nicht der eigene Inhalt dessen, was wir hören, sondern eine Deutung, die unsere Einbildungs= kraft hinzufügt" (S. 480). Wir haben also hier schon auf der ersten Stufe des Eindrucks eine „Erinnerung" oder „Deutung", welche unsere Einbildungskraft hinzufügt; was für Gefühle jene musikalischen Figuren abgesehen von jener Deutung als direkter Faktor, wie ihn Fechner nennt, (vgl. Vorschule I, S. 158 fg.) erregen, untersucht Lotze nicht. Dagegen ist klar, wie die durch die Deutung unserer Einbildungskraft hinzugefügten Erinnerungs= vorstellungen wirken, obgleich Lotze auch hierüber schweigt. Der Hergang ist offenbar folgender: Physikalische Vorgänge und deren Sinneseindrücke, wie das Flattern der Vögel, das Rauschen des Wassers haben infolge unserer sonstigen Erfahrungen einen bestimmten Gefühlston für uns. Tritt uns nun in den musikalischen Figuren ein Analogon jenes Hergangs ins Bewußtsein, so ent= stehen jene durch Erfahrungen mit den Gehörseindrücken kausal verknüpften Gefühle wieder; freilich, werden wir glauben, modi= fiziert nach Maßgabe, als die musikalische Figur eine Modifi= kation jenes äußeren Vorganges ist.

Lotze ergänzt nun Hanslicks Betrachtungen noch dahin, daß die Musik nicht bloß den Rhythmus äußerer physikalischer Er= eignisse, sondern auch den von Gefühlen nachahmen könne. „Denn daß gehörte Tonfiguren uns die Vorstellungen äußerer Ereignisse erwecken, denen der gleiche Rhythmus zukommt, ist nicht das einzig Natürliche; gleich natürlich wird durch sie die Erinnerung an die inneren Gemütsbewegungen hervorgerufen, die in analogen Formen des Wechsels zwischen Anspannung, Gleichgewicht und Erschlaffung verlaufen" (S. 480). Nicht von Lotze ausgesprochen, aber selbstverständlich ist, daß die Wir= kung der Musik dann darin besteht, daß jene Gefühle, deren Rhythmus sie nachahmt, wiedererstehen.

3

Lotze kennt noch eine dritte Art der Erklärung des musikalischen Eindrucks. In der Abhandlung über den Begriff der Schönheit sagte er (Kleine Schriften I, S. 300: In den Verschlingungen der Klänge findet jeder sein Gemüt wieder und überschaut seine Bewegungen. Schwerlich geschähe dies, triebe nicht eine Vorherbestimmung unserer leiblichen Einrichtung uns an, durch Laute unseren Gefühlen einen an sich unnützen äußeren Ausdruck zu geben. Mit den Klängen und ihrem Wechsel verknüpft sich so die Erinnerung an Übergänge in Größe und Art der Strebungen und Gefühle, durch die getrieben wir dieselben Laute bilden würden." Hier wirkt also die Musik nicht, weil sie Analoga von Geräuschen der Außenwelt oder unserer Gefühle vorführt, sondern weil in unserm Organismus Gefühle mit Tönen kausal verknüpft sind, so daß, wenn Analoga von diesen hörbar werden, Analoga von jenen uns ins Bewußtsein treten.

Doch es ist die Frage, ob die auf die drei angegebenen Arten von Lotze schon für ästhetisch gehalten werden, oder ob sie noch in die niedere Kategorie des Nützlichen gehören. Sicher ist, daß sie nicht den ganzen ästhetischen Eindruck ausmachen. Auch für die Musik im ganzen sucht Lotze (S. 482 fg.) eine Anknüpfung an seine Metaphysik. Er konstatiert zu diesem Zwecke noch eine zweite Gruppe von Erinnerungen und Associationen, welche die Musik errege. Jede Kunst scheint ihm eine „Andeutung des ganzen Weltbaues und erst auf sie aufgetragen die die Darstellung einer besonderen Erscheinung bieten zu müssen, keine aber ausdrücklicher als die Musik zur Erfüllung dieser Forderung befähigt zu sein" (S. 488). Was wir bisher betrachtet, war die Fähigkeit der Musik zur Darstellung „einer besonderen Erscheinung." Noch fehlt der Untergrund, auf den diese „aufgetragen" wird. Das wahre Ziel der Musik sieht Lotze in den namenlosen Gefühlen, „die der musikalisch nicht ausdrückbaren äußeren Veranlassung zu ihrer Bezeichnung nicht bedürfen, sondern die unmittelbar dem eigenen Wert der durch Tonfiguren darstellbaren Verhältnisformen des Mannigfachen überhaupt gelten" (S. 481). Sie wirkt dadurch, „daß sie uns die allgemeinen Beziehungen des Mannigfachen anschaulich vorführt, in deren

gemeinsamer, aber unendlich bildsamer Form sich alles ent=
wickelt, was im Laufe des äußeren und inneren Lebens für unser
Gemüt von Wert ist" (S. 486). Schön erscheinen die musi=
kalischen Figuren, sofern „sie die Erinnerung der unzähligen
Güter erwecken, die in dem gleichen Rhythmus des Geschehens
und nur in ihm denkbar sind" (S. 487. Trotz der halb dichte=
rischen an die „Bedingungen der Kunstschönheit" erinnernden Form,
welche Lotze seinen Gedanken, wie leider so oft, gegeben, läßt
sich so viel erkennen, daß Lotze eine zweite Art Erinnerung oder
Andeutung in der Musik findet, nicht von bestimmten Einzel=
verhältnissen, sondern von den „allgemeinen Beziehungen des
Mannigfachen" (486) von den „Verhältnisformen des Mannig=
fachen überhaupt" (481); eine Andeutung, welche dadurch einen
Gefühlston erhält, weil es Güter sind, welche in dem symbo=
lisierten Rhythmus des Geschehens „ihre Vorbedingung haben"
(487). Dies ist die Andeutung des Weltbaus, auf welche die
Darstellung der besonderen Erscheinung, wie die des Rauschens
des Wassers erst „aufgetragen ist" (S. 488).

Jeder der drei wesentlichen Bestandteile der Musik: die
Zeitmessung, die Harmonie und die Melodie (S. 488) scheint
nun Lotze die Aufgabe zu haben, eins der drei Reiche abzubilden,
aus welchen sich die Wirklichkeit zusammensetzt: der allgemeinen
Gesetze, der Vielheit wirklicher Elemente und des ordnenden
Planes (S. 488 vgl. Grdz. § 8). Nicht durch Abbildung
einzelner Ideen, wie er es bei den Konsonanzen und Dissonanzen
im Anschluß an den eigentlichen Idealismus thut, erklärt Lotze
hier den Eindruck, sondern im Anschluß an Weiße durch Abbildung
der drei Reiche. Über den Takt, welcher an das Reich der
allgemeinen Gesetze erinnert, haben wir oben gesprochen. Von
dem zweiten Hauptteile der Musik sagt er folgendes: „Die har=
monischen Verhältnisse, und zwar meine ich hier die verschiedenen
Tonarten und ihre gegenseitigen Beziehungen, erscheinen mir
ebenso ungezwungen als Gegenbilder der allgemeinen Gattungs=
begriffe, welche in der theoretischen Weltauffassung die charak=
teristische Eigenform einer den höchsten Gesetzen gehorchenden,
aber nicht aus ihnen ableitbaren Lebendigkeit bezeichnen" (S. 490).

3*

Die Melodie endlich scheint ihm „als das ganz individuelle von einem spezifischen Plane geleitete Leben, das den allgemeinen Typus seiner Gattung und die noch allgemeineren Gesetze alles Daseins, die rhythmische Zeiteinteilung, zwar als Grundlage seiner Möglichkeit benutzt und zur Erscheinung bringt, dessen Eigentümlichkeit aber von keinem dieser beiden Elemente ableitbar ist" (S. 492). Besonders wichtig aber ist folgende Äußerung Lotzes über die Melodie. „Dasselbe doppelte Bedürfnis," sagt er, (S. 477) „nicht nur eine subjektiv wohlgefällige Reihe von Erregungen zu bewirken, sondern durch sie den Wert eines objektiven Geschehens darzustellen, in dieser Darstellung aber das Lebendige dem Mechanischen vorzuziehen, beseelt auch die einzelne Melodie". Alle Formen der Melodie „dienen nicht nur zur Steigerung der Annehmlichkeit unserer Erregungen, sie stellen alle vielmehr etwas dar, was zu dem vollständigen und wahren Abbilde eines Geschehens überhaupt gehört, und allerdings erst hierin finden wir den ästhetischen Wert, der die sinnliche Wohlgefälligkeit eines Tongebildes zu der Würde der Schönheit erhöht" (S. 478.)

Hier ist, ganz wie bei den Konsonanzen und Dissonanzen, „innerhalb" des Gesammteindruckes der Melodie zwischen einer Reihe nur subjektiv wohlgefälliger Erregungen und einer andern geschieden, welche den Wert eines objektiven Geschehens darstellt; (S. 477) etwas darstellt, was zu dem wahren Abbilde eines „Geschehens überhaupt" gehört, (S. 478) und ferner ist hier ebenso deutlich, wie bei den Harmonien (S. 287), hervorgehoben, daß erst in der letzteren Fähigkeit der Melodie der ästhetische Wert liege, der die sinnliche Wohlgefälligkeit zur Würde der Schönheit erhöht. Wir werden also nicht irren, wenn wir meinen, daß Lotze der Musik, sofern sie nur den Rhythmus einer einzelnen physikalischen Erscheinung oder eines Gefühls nachahmt, eine „ästhetische" Wirkung noch nicht zuschreibt.

Wir wenden uns nun zu dem eigentlichen Wohlgefälligen der Anschauung, dem räumlich angeordneten Schönen. „Gefällig," sagt Lotze (S. 306) „erscheinen uns im Raume Verteilungen ausgezeichneter Punkte, Richtungen von Linien, Ver-

hältnisse derselben zu einander, umschließende Formen der
Figuren und Anordnung der Figuren zu Gruppen." Nachdem
er sich (S. 306—310) ablehnend über Zeisings Annahme aus=
gesprochen: „wohlgefällig seien Raumgebilde, wenn ihre Bestand=
teile irgendwie die Proportion des goldenen Schnitts verwirk=
lichen" (S. 307), geht er (S. 310) daran, die Wirkung der
Raumgebilde, sofern sie noch nicht der Darstellung eines be=
stimmten Inhaltes dienen, sondern bedeutungslos nur durch
ihre Gestaltung und Ausdehnung wirken, aufzusuchen. Wie er
bei der Untersuchung über die Harmonien es ablehnte, den
Eindruck physiologisch durch Vorgänge im Nerven zu erklären,
so spricht er sich betreffs Raumformen als solcher gegen die
Annahme aus, welche die Wohlgefälligkeit des Räumlichen von
der Leichtigkeit und Harmonie der Augenbewegungen abhängen
läßt, die zu ihrer vollständigen Wahrnehmung nötig sind"
(S. 310). „Wir ziehen — in unserm ästhetischen Urteil die
körperliche Mühe ab, und die Wohlgefälligkeit beruht nicht auf
der Bequemlichkeit der Verrichtungen, durch welche wir uns die
Wahrnehmung verschaffen, sondern auf dem intellektuellen
Genusse, den uns die Verhältnisse des Wahrgenommenen ver=
schaffen, nachdem wir sie bereits besitzen. Dieser Genuß aber
besteht immer, so lange wir Räumliches nur als solches fassen,
in dem Gewahrwerden einer genauen Regelmäßigkeit, durch
welche Mannigfaches unter eine allgemeine Formel fällt"
(S. 311). Daß Lotze hiermit nicht seine volle Meinung aus=
gesprochen, daß auch das bedeutungslose Schöne nach ihm nicht
bloß durch die Wahrnehmung seiner Regelmäßigkeit auf uns
wirkt, zeigen frühere Stellen. Bei Betrachtung der Symmetrie,
die ja einer der wirksamsten Bestandteile der freien Schönheit
ist, sagt er S. 76: „Nun will ich nicht leugnen, daß das
Gewahrwerden dieser Regelmäßigkeit auch ein gewisses
ästhetisches Interesse erregt, jene Befriedigung nämlich, welche
immer die Beobachtung einer Einheit des Mannigfachen
hervorbringt, auch wenn diese Beobachtung nur durch eine
denkende Einsicht gemacht wird. Aber das Angenehme einer
räumlichen Symmetrie hat einen gewissen Überschuß voraus

vor einer algebraischen Formel, und dieser Überschuß scheint
mir auf Rechnung der Bewegung zu setzen, deren Form und
Richtung das Raumgebilde uns deutlich vorschreibt." Und
wie Lotze S. 310 sagt: selbst das rein bedeutungslose Orna-
ment werde nicht ohne Nebeneinwirkung einer bestimmten
Geschmacksrichtung beurteilt, die von Temperament, Charakter
und Gewohnheit abhängig sei, so sagt er S. 74: „auch die
einfachsten Elemente des Anschaulichen — scheinen mir nicht
durch das, was sie selbst sind, sondern durch eine symbolische
Deutung zu wirken, welche nicht nebenher zu der Wahrnehmung
hinzutritt, sondern uns vollkommen unvermeidlich geworden ist.
Unsere Auffassung räumlicher Verhältnisse — finden wir der-
gestalt mit Deutungen des Gesehenen auf Bewegung und
Wirkung von Kräften versetzt, daß eine ästhetische Beurteilung,
welche geometrische Formen nur als geometrische auffaßte, eine
durchaus unausführbare Abstraktion sein würde." (Vgl. S. 230.)
Hiermit sind wir auf den Kernpunkt von Lotzes Lehren betreffs des Räumlichschönen gekommen. „Kein räumliches Gebilde wirkt auf uns anders, als durch Erinnerung an Bewegungen, deren Erzeugnis oder deren vorgezeichneter Schauplatz
es ist, und zwar nicht an Bewegungen, die nur geschehen, sondern
an solche, die von wirkenden Kräften gegen irgend einen Wider-
stand ausgeführt werden; ja selbst dieses reicht nicht hin; noch
muß die Erinnerung an das eigentümliche Wohl und Wehe
hinzutreten, welches dem sich Bewegenden jeden Augenblick aus
der Form seiner Bewegung fühlbar erwächst" (S. 75). Der
Vorgang, den wir schon von der Erklärung des Taktes her
kennen, ist also folgender: das räumlich Schöne erscheint uns
nicht als ruhend, sondern als Schauplatz bewegter Kräfte, welche
bei ihrer Bewegung Gefühle empfinden. Wir, und dies ist die
Wirkung des Schönen, empfinden dann diese Gefühle mit.
Genauer beschreibt Lotze diesen letzteren Vorgang auf den Seiten
79—80. Wie uns selbst bei Bewegungen von Augenblick zu
Augenblick durch eine Empfindung Nachricht von ihren Fort-
schritten zukommt, so vermuten wir, daß mit jeder Bewegung
der Außenwelt ein Gefühl verknüpft sei und fühlen es nach.

Auf diese Weise lernen wir die fremde Gestalt „verstehen", wie unsere Sprache so sinnig sagt und vermögen das Leben aller Wesen von dem unserer Mitmenschen bis zu dem des Baumes und des Muscheltieres, ja selbst der Kurve, des Vielecks, der symmetrischen Verteilung von Punkten mitzuleben. (Gesch. S. 79—80 vgl. Mikr. II, S. 201—202.) Man kann diese Erinnerung an Gefühle und Bewegungen, diese Deutung des Gesehenen auf Bewegung und Wirkung von Kräften am kürzesten als Sympathie bezeichnen und Lotze wendet zur Kennzeichnung von Herders Ansichten, von denen er ausging, oft dies Wort an (z. B. S. 85—86). Es ist nun die Frage, ob die durch solche Sympathie mit einem nachlebbaren Wohl und Wehe ent= standenen Gefühle überhaupt ästhetische sind. Ist es Lotzes eigene Meinung oder referiert er nur in seiner Weise die An= sichten Herders, wenn er (S. 78) sagt: „Ästhetisch ergreifend werden für uns auch diese mechanischen Verhältnisse nur, soweit wir uns in das eigentümliche Wohl und Weh hineinfühlen, welches die bewegten Dinge durch ihre Bewegung, die im Gleich= gewicht befindlichen durch ihre Ruhe erfahren"? Oder: „Und so wirken denn alle räumlichen Gebilde „ästhetisch" auf uns sofern sie Symbole eines von uns erlebbaren eigentümlichen Wohles oder Wehes sind" (S. 80). Aufschluß hierüber geben die für die ganze Anschauung Lotzes äußerst wichtigen Bemer= kungen am Ende des Absatzes über Herder. Mit einer Er= regung, die bei Lotze um so mehr auffällt, je seltener sie ist, wendet er sich gegen eine Konsequenz, die ihm Herders Lehre nötig zu machen scheint. Wenn man, führt er aus (S. 85—86), mit Herder den Eindruck der Schönheit in der Sympathie sucht, mit der sich unsere speziell menschliche Natur in das Glück einer ähnlichen, mithin eine ganz anders geartete in das Glück einer ganz anders gearteten versetzt, so werden verschiedene Gattungen fühlender Wesen die Schönheit in verschiedenen Formen der Er= scheinung finden. „Da nun nicht einzusehen ist, warum die in einer Gattung allgemein vertretene Organisation einen Vorzug vor der speziellen Eigentümlichkeit des Einzelnen hätte, da mit= hin auch jeder Einzelne das schön zu finden berechtigt ist, was

ihm in seiner Besonderheit sympathisch ist, wodurch werden wir
dann von der Rückkehr zu dem elenden Satze behütet, der alle
Ästhetik unmöglich macht: nämlich, daß eben der Geschmack ver=
schieden sei"? (S. 85—86.) „Herder hätte leicht bemerken
können, daß für sich genommen Sympathie nicht der Grund
eines wahrhaft ästhetischen Urteils sein kann, sie gehört offenbar
zu jenem Reiz und jener Rührung, auf welche Kant den Ein=
druck der Schönheit zu gründen verschmäht" S. 86). Herder
habe die Anknüpfung des Schönen an das Gute versuchen müssen.
„Jenes Element der Verehrung, das nach deutschem Sprachge=
brauch in den Namen der Schönheit durchaus miteingeschlossen
ist, und durch welches das Wohlgefällige erst zum Schönen wird,
ohne deshalb das Gebiet rein ästhetischer Beurteilung im min=
desten zu überschreiten, dieses Element verlangte den Nachweis,
daß unser Gemüt in seiner ästhetischen Erregung nur mit Er=
scheinungen sympathisiere, deren Formen Widerschein des Sein=
sollenden, des Guten sind." (ibid.)

Auf zweierlei Weise nun hat Lotze die Anknüpfung des
Schönen an das Gute versucht. Erstens indem er, Schillers
Ansicht, die ihm im höchsten Grade interessant erscheint „eben in
Bezug auf jene Lücke, welche Herders Ansichten zu lassen schienen,"
(Gesch. S. 87) modifizierend, annimmt: „eben diejenigen Formen
seien schön, die wir in lebendiger Erfahrung als die natürlichen
Ausdrucksweisen des sittlichen Geistes kennen, und eben diese stille
Hindeutung auf das, dem sie hier zur Erscheinung dienen, bilde
ihre Schönheit auch da, wo sie, abgelöst von diesem Inhalt,
als reine Formen überhaupt in unsere Anschauung fallen."
(S. 97.) Daß hier unter dem sittlichen Geiste, dessen Aus=
drucksweisen die schönen Formen sind, nur der menschliche Geist,
den Schiller allein betrachtete, und den er dem Sprachgebrauch
folgend allein für „sittlich" gut ansah, gemeint ist, darüber läßt
der ganze Zusammenhang keinen Zweifel. Nun zeigen aber
einerseits Lotzes im allgemeinen Teile besprochenen Bemerkungen
in den Grundzügen (§ 3 und 4), daß ihm die Anknüpfung an
das sittlich Gute, sofern es im Menschengeiste allein verwirklicht
ist, nicht genügend scheint; und andererseits zeigten die Betrach=

tungen Lotzes über die anderen Arten des Schönen, daß er viel=
mehr überall eine Anknüpfung an das sittlich Gute, sofern es,
wie Fechner sich ausdrückt: (Vorsch. I S. 30.), sich „über uns
hinaus in der göttlichen Weltordnung und Führung ausprägt
und bewegt" gesucht hat.   Wir werden also auch unter dem
Seinsollenden, dem Guten, mit welchem unser Gemüt in seiner
ästhetischen Erregung sympathisiert, (S. 86.) nicht sowohl das
Gute „in uns" als das Gute „über uns hinaus," das kosmisch
Gute verstehen.   In welcher Weise die Anknüpfung des räum=
lich Schönen an dieses Gute versucht werden könne, hat Lotze
selbst später (Gesch). S. 323) gezeigt.   „Wir haben," sagt er
dort, „den Rhythmus nicht als blos zeitliche Ordnung, das
räumlich Wohlgefällige nicht als blos geometrische Erscheinung
angesehen; sie galten uns beide nur als anschauliche Erscheinungen
eben dieser Momente eines intellektuellen Zusammenhangs, auf
die wir jetzt zurückkommen: der Einheit in der Mannigfaltigkeit
überhaupt, der Konsequenz und des Kontrastes, der Spannung
und Lösung, der Erwartung und Überraschung, der Gleichheit
und des Gegensatzes. Wir können ebensowenig jetzt den ästhetischen
Wert dieser Momente in ihnen selbst suchen; auch sie erscheinen
uns als die anschaulichen, mindestens als die formalen Vor=
bedingungen des einen, was allein Wert hat, des Guten."
      Wir finden also auch beim räumlich Schönen eine doppelte
Association.   Die eine, welche Lotze ausdrücklich als solche
bezeichnet, (S. 74) besteht darin, daß wir beim Anblick von
Raumformen an ruhende oder bewegte fühlende Wesen erinnert
werden, in welche wir uns hineinversetzen, die andere in der
Erinnerung an ein inhaltlich unbedingt-Wertvolles, dessen Vor=
bedingungen oder Erscheinungsweisen die Raumformen sind, in=
dem uns die Formen als anschauliche Erscheinungen von
„Momenten eines intellektuellen Zusammenhangs" oder kurz
gesagt von Ideen wie der „Einheit überhaupt," der Konsequenz,
des Kontrastes 2c. erscheinen; und demgemäß zwei Gefühle: ein
Mitgefühl mit dem Glück oder Unglück der Einzelerscheinung,
in die wir uns hineinversetzen, das für sich genommen noch
nicht Gegenstand eines ästhetischen Urteils sein kann, sondern

das nur ein Reiz oder eine Rührung ist (S. 86) und ein Gefühl, welches den unbedingten Wert, der den Erscheinungen zu Grunde liegenden Ideen würdigt, der ihnen entweder sofern sie durch die absolute Güte Gottes geschaffen sind, oder sofern sie die Weltseligkeit mehren, zukommt. Genau denselben Weg sahen wir Lotze bei der Besprechung des Rhythmus einschlagen; einen ganz ähnlichen bei den Harmonien und Melodien, sowie bei seinen allgemeinen Betrachtungen über die Musik; und ebenso trat, wenn auch noch undeutlich, diese Methode bei den niedrigsten Stufen des Angenehmen der Empfindung hervor.

Wir waren oft im Zweifel, ob Lotze das durch Beein= flussung der Ökonomie unseres Seelenlebens oder durch Sympathie entstandene Gefühl als schon ästhetisch ansah; manchmal schien dies wahrscheinlich, manchmal sprach sich Lotze, wie bei dem räumlich angeordneten Schönen, in verneinendem Sinne aus. Über dieses Schwanken Lotzes verbreitet eine Stelle Licht, die wir nun noch zum Schluß betrachten wollen. „Daß viele schöne Formen auf uns durch Erinnerung an das Glück wirken, welches wir als in ihnen genießbar oder aus ihnen entspringbar kennen, hatte Herder gesehen; aber diese Sympathie, die wir mit einer uns verständlichen Glückseligkeit fühlen, erklärte nur die An= nehmlichkeit der Schönheit, nicht ihre Würde. Diese schien nur begreiflich, wenn das Schöne nicht blos an ein Glück, sondern an das an sich höchste Gut, die Seligkeit des Guten erinnerte. „(Geschichte S. 101) Hier macht also Lotze „innerhalb" der Schönheit eine Trennung zwischen ihrer Annehmlichkeit und ihrer Würde und läßt also jene durch die Erscheinung angeregten Gefühle, wenn auch als niedere Stufe der Schönheit, doch zu dieser mitgehören. So wird es erklärlich, daß er diese niedere Stufe der Schönheit an anderen Stellen bald als ästhetisch, bald als nur nützlich und angenehm bezeichnet.

Auch diese Stelle bestätigt somit den oben bei den einzelnen Arten des Schönen geführten Nachweis, daß Lotze überall zwei Stufen des ästhetischen Eindrucks scheide. Wenn wir also auf Grund der obigen Untersuchungen nach Lotze eine Definition des ästhetischen Eindruckes geben wollen, so wird diese etwa folgende sein müssen; der ästhetische Eindruck ist ein durch Beeinflussung der Ökonomie unseres Seelenlebens oder durch Sympathie mit dem scheinbaren Glücke der Dinge entstandenes Gefühl, vermehrt um oder verschmolzen mit einem infolge einer Association, Erinnerung oder Deutung entstandenen Gefühl entweder der Verehrung für das absolute Gute, die göttliche Güte, oder der Sympathie mit der Weltseligkeit, die beide durch die dem Eindruck zu grunde liegenden und in ihm erscheinenden Ideen entweder wirken oder bewirkt werden.

Lotze hat in genialer Weise geleistet, was nur immer für den möglich war, welcher die Resultate der neuesten psychologischen Ästhetik, welche sowohl die Art des durch das schöne Objekt der Seele zugefügten Reizes, als auch das dadurch entstandene Gefühl aufsucht, würdigen wollte, ohne doch die Resultate der idealistischen Ästhetik, die sich um menschliche Gefühle gar nicht kümmerte, oder doch wie die Weißes nur die der Weltseele in Betracht zog, fallen zu lassen. Der Weg, beide Richtungen zu verknüpfen, ist, wie wir sahen, die Annahme von zwei Stufen des Eindrucks, welche durch dasselbe Objekt erregt werden. Nicht jeder wird sich mit dieser Zerlegung des ästhetischen Eindrucks in seine Annehmlichkeit und seine Würde einverstanden erklären. Was Lotze zur Erklärung der ersten Stufe des Eindrucks beibringt, ist als dauernder Besitz der Ästhetik zu betrachten. Vortrefflich ist alles, was er zur Erklärung der Wirkung objektiver Verhältnisse beibringt, an deren Erklärung die Herbartsche Schule und teilweise auch Fechner (durch Konstatierung eines sogenannten direkten Faktors) verzweifelt, indem sie, wie Lotze (Geschichte 243—244) sagt, annimmt: gewissen Formen als Formen, ohne daß sie etwas bedeuten, sei es durch ein unvordenklich grundloses Schicksal gegeben, unser Wohlgefallen zu erregen; und nichts als die faktisch bestehende Verknüpfung der Wahrnehmung dieser Formen mit unserem Wohlgefallen oder vielmehr unserem ästhetischen Urteil aufzeigt; ohne den Schleier etwas weiter von der Frage heben zu wollen, warum gerade diese Formen diese Gefühle hervorrufen. Den Weg, welchen Lotze bei dieser Erklärung einschlägt, kann man kurz als

Zurückführung aller Wahrnehmungsgefühle auf Erinnerungen an Empfindungsgefühle bezeichnen. Wichtig scheint in dieser Hinsicht auch besonders der Begriff der Sympathie, den Fechner mit Unrecht fast ganz hat fallen lassen. Dagegen muß die zweite Stufe manche schon oben berührte Bedenken erregen. Zuerst ob nicht Lotze nur sehr selten seiner eigenen Forderung entsprochen: es komme darauf an, daß dem Hinzugedachten etwas in der Erscheinung entspricht (Gesch. S. 231). Dann, ob dieses Hinzugedachte sich nicht ebensogut als eine Erinnerung an eine Erscheinung als an eine Idee erklären lasse; welches letztere der von vornherein ablehnen wird, der dem Menschen nur die Erkenntnis von Erscheinungen zuschreibt. Wichtiger noch scheint das Bedenken, wie der dem Schönen wegen der in ihm erscheinenden Idee zukommende absolute Wert doch ein Wert für uns werden könne. Eine positive Ästhetik kann ruhig den Gedanken von einer höheren Würde des Schönen, die ihm durch die Erhabenheit seines Ursprungs, nicht seiner Lustleistungen zukomme, fallen lassen und wird vor allem keine Verminderung des Wertes der Eindrücke durch die volle Subjektivität ihrer Wirkung, wenn auch nicht ihrer Anlässe, befürchten, sondern unbedenklich die Wirkung des Schönen im Menschengeiste und nur in ihm suchen.

Vita.

Oscar Heinrich Julius Röhr natus sum Glogoviae in urbe Silesiae a. d. IV. Nonas Julias anni h. s. sexagesimi tertii patre Henrico matre Dorothea, fideique ascriptus sum evangelicae. Undecimum aetatis annum agens gymnasium regium evangelicum Glogoviense frequentare coepi, novemque annis post vere anni h. s. octogesimi quarti maturitatis testimonio accepto almam matrem Berolinensem adii, ut studiis philologicis et philosophicis operam darem; atque in illis quidem in primis Kirchhoffii, Vahleni, Dielsii, Huebneri, in his Paulseni, Gizyckii, Zelleri institutione usus sum; quae quanto mihi usui fuerit in litterarum studio, gratiore in dies animo agnosco. Autumno anni h. s. octogesimi octavi examen pro facultate docendi cum subiissem, vere anni proximi societati magistrorum gymnasii Berolinensis, quod a Friderico Guilelmo rege nomen accepit, candidatus, quem vocant probandus, ascriptus sum. Jam, cum haec scribo, ad gymnasium, cui monasterio nomen est, transii.